LES BÉATITUDES

Sermon prêché
à l'Oratoire du Louvre, le 18 novembre 1923

LES BÉATITUDES

LES BÉATITUDES

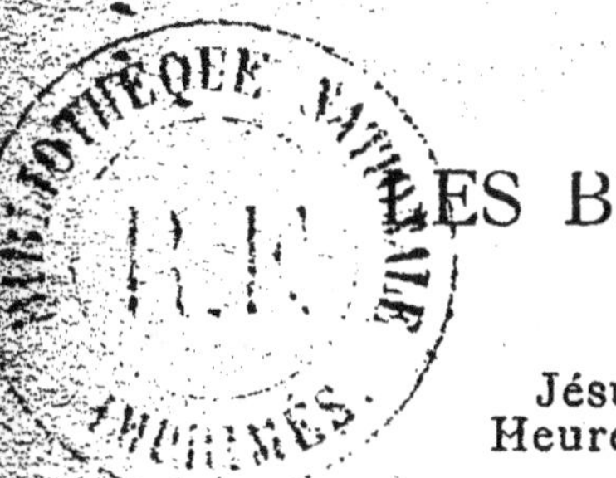

> Jésus enseigna ses disciples disant :
> Heureux !
>
> (Matthieu, V. 2 à 10).

Les Béatitudes !... Elles sont liées à l'une des plus émouvantes expériences de mon ministère. Je présidais, dans ce temple, un service commémoratif en souvenir d'un jeune révolutionnaire, blessé par la guerre en son corps et en son âme, disparu tragiquement dans l'Océan glacial. Au pied de cette chaire s'était groupé un auditoire socialiste, sourdement hostile à l'idée religieuse. Occasion unique de témoigner en faveur de Jésus-Christ. Je rendis hommage au *Credo* spirituel de l'Evangile et à son *Programme* social ; j'enveloppai les cœurs, peu à peu, de l'atmosphère qui émane du Messie ; et je m'enhardis jusqu'à terminer en ces mots : « Loin des sanglantes ornières où trébuche notre civilisation vieillie, le Libérateur nous invite à le suivre sur les hauts plateaux des Béatitudes. Levons-nous ! et proclamons d'un seul cœur le credo de l'humanité future. »

Les communistes se levèrent comme un seul homme.

Méditons pareil spectacle, mes frères. Nos liturgies officielles renferment la déclaration suivante : « Confessons la foi chrétienne, en disant dans la

---

Sermon prêché à l'Oratoire du Louvre, le 18 novembre 1923, par le pasteur Wilfred Monod.

communion de l'Eglise universelle : « Je crois en Dieu ! »... et c'est la récitation du *Symbole* réputé *apostolique*. Luise le jour où la même formule sera employée, dans le culte réformé, pour introduire la lecture solennelle des Béatitudes, au centre du service dominical !

Le malade qui étouffe, réclame un ballon d'oxygène ; l'Eglise contemporaine exige les Béatitudes.

Un mot d'ordre circule parmi les chrétiens protestants : Comme le catholique dit régulièrement, et quasi ponctuellement, son chapelet, répétons les Béatitudes au milieu du jour, pour échapper à l'asphyxie spirituelle. Quand la *réalité* nous empoisonne, respirons à fond la *vérité*.

La prière du matin, du soir, est d'ordinaire facilitée par le transparent silence des choses. Mais à midi ! sur notre âme ont déjà passé, en vagues méphitiques, les gaz mortifères ; nous haletons. Qu'il fait bon s'évader, subitement, hors de la pestilence, hors du tapage, hors des mensonges et des cris haineux de la presse quotidienne, hors du Temps et de l'Espace, pour se réfugier en l'Eternel ! On parvient jusque là, soudain, sur l'aile des Béatitudes.

O cantique sonore de l'humanité transfigurée, puissant « Hymne à la joie », psaume surnaturel de la chrétienté, *Hosanna !* du Fils de l'homme, *Alleluia !* du Fils de Dieu, tes accents rédempteurs me délivrent du « métro » et de l' « autobus » ; ils m'affranchissent de la noire tristesse qui plane sur l'Europe, vomie par le Vésuve encore brûlant de la guerre ; ils me libèrent de mes désillusions morales, de mes incertitudes religieuses ; enfin, comme la musique d'un charmeur de serpents, ils courbent à mes pieds l'hydre du Fatalisme ; et voici, le monstre à trois têtes : *Souffrance, Péché, Mort*, brusquement prostré, mâche de sa triple gueule une poussière baveuse.

*
* *

L'Ancien Testament contient des Béatitudes ; elles ne manquent, ni dans les livres de la Loi, ni dans les écrits prophétiques, ni dans les psaumes ; elles pourraient se résumer dans ce cri d'allégresse d'un psalmiste : « *O Eternel, heureux tous ceux qui placent en toi leur assurance !* »

On trouve aussi, dans le Nouveau Testament, des Béatitudes qui ne furent pas enchâssées dans le Sermon sur la Montagne. Par exemple : « *Heureux ces serviteurs que le maître trouvera veillant ! Heureux, ceux qui entendent la parole de Dieu, et qui la gardent ! Heureux, ceux qui n'ont point vu et qui ont cru !... »* Et cet avertissement mystérieux : « *Heureux celui pour qui je ne serai point une occasion de chute !* »

Mais les Béatitudes classiques, toujours inséparables, comme les sept notes de la gamme ou les sept couleurs de l'arc-en-ciel, sont les Béatitudes, enrichies de promesses, qui ouvrent, selon saint Matthieu, la série des discours publics du Révélateur.

Saint Luc les a conservées sous un tour plus concis et plus âpre : « *Heureux, vous, les pauvres ! Mais malheur à vous, riches ! Heureux, vous qui pleurez ! Mais malheur à vous, les rieurs !* » Négligeons, aujourd'hui, cette version moins complète, moins nuancée ; fixons nos regards sur la rosace qui brille au portail du premier Evangile. Demanderez-vous si les divers fragments de cette incomparable verrière appartenaient au même dessin primitif ? Peu importe ! Considérons ce vitrail, sous sa forme actuelle, et cherchons à en grouper les parties dans un cadre rationnel. Essayons d'interpréter l'ensemble, et d'en manifester l'harmonie secrète où se fondent tour à tour, et où s'opposent, les idées, au sein d'une même clarté, celle qui rayonne de Jésus-Christ, Lumière du monde.

J'aurai atteint mon but si je vous facilite la mémorisation des Béatitudes, si vous devenez capables de les réciter sans effort, dans l'ordre évangélique, à l'heure où l'horloge laisse tomber une à une, en pleine rumeur, en plein remous, les douze larmes du Temps qui pleure sa propre mort.

*
* *

Mes frères, le moindre flocon de neige a sa géométrie cachée, ses arborescences cristallines, visibles au microscope. Pourquoi ne point admirer, dans les Béatitudes, les contours d'une structure, l'équilibre d'un ajustement ? A la vérité, les pensées peuvent s'y rassembler en diverses configurations, qui possèdent chacune leur beauté ; il faut choisir ; je m'arrête à une combinaison fort simple, dont le relief et la symétrie se fixent aisément dans la mémoire. Et voici, en définitive, le plan que je vous propose pour coordonner les Béatitudes : elles renferment *deux groupes de trois maximes, reliées par un axiome qui sert de transition, et couronnées par une sentence de conclusion.*

Ces deux groupes de maximes étincellent d'un éclat très différent dans la rosace, et se balancent l'un par l'autre, comme la thèse et l'antithèse. Le premier groupe correspondrait à l'image traditionnelle de Jésus, à l'idéal que l'Eglise exalta de préférence, quand elle salua dans le Sauveur le divin patron des pauvres, des affligés, des patients ; dans le vitrail du premier évangile, ce Jésus doux et dolent est figuré sous les traits de « l'Agneau de Dieu ». Mais dans le deuxième groupe des maximes on distingue plutôt le Christ, le Messie, le Pionnier de l'humanité nouvelle, le Constructeur de la Cité future, celui dont le message éveille un écho prolongé dans la conscience moderne ; ce n'est plus seulement « l'Homme de douleur », la victime résignée à l'abattoir, mais le Chef prédestiné, l'excitateur, ici-bas, de l'espérance, de l'entreprise du courage. Celui-là, dans notre verrière évangélique, resplendit sous l'effigie du « Lion de Juda ».

*
* *

Après cette rapide caractéristique des deux groupes de sentences, contemplons, de plus près, les trois premières Béatitudes. Dans l'armature d'airain de l'Empire des Césars, elles coulèrent sur les plaies de l'humanité, comme l'huile du bon Samaritain. Songez aux gémissements étouffés de l'esclave, de la femme, de l'infirme ! Lorsque les missionnaires chrétiens propagèrent le message de pitié à travers le monde gréco-romain, l'âme des multitudes, assombrie par les aigles des légions, sourit à la colombe céleste.

« Heureux les pauvres en esprit, heureux ceux qui pleurent, heureux les débonnaires ! » Je n'ignore point que ces paroles divines furent odieusement travesties par les contempteurs de l'Evangile ; ils traduisirent ainsi, en ricanant : « Heureux les idiots, les geignards, les poules mouillées ! » Mais leurs sarcasmes, rasant la terre, s'éteignirent comme des fusées mal parties.

En réalité, quelle est la pensée qui anime les trois premières Béatitudes ? Jésus brave audacieusement l'opinion universelle ; il remonte le courant de tous les instincts, de toutes les passions, de tous les préjugés ; il marche en sens contraire de la formidable ruée de l'arrivisme ; il s'inscrit en faux contre les dogmes cyniques de la morale du succès. Et alors que les voix brutales de la cupidité, de la luxure, de la violence, fidèles à une tradition plusieurs fois millénaire, hurlaient : « Vive la réussite ! Heureux les possédants ! » Jésus de Nazareth — comme on retourne un sablier, ou comme il renversa les tables des changeurs — s'écria : « Mensonge ! Je dis *oui* quand vous dites *non* ; et je nie ce que vous affirmez ! »

« Heureux les pauvres en esprit ! » Traduction déplorable d'un texte intraduisible. On a proposé différentes versions : « Heureux les pauvres en leur esprit !... Heureux les pauvres de l'Esprit, c'est-à-dire ceux que l'Esprit de Dieu inspire !... Heureux ceux qui ont l'esprit de pauvreté !... Heureux ceux qui se sentent pauvres !... Heureux ceux qui ont conscience de leur pauvreté spirituelle !... Heureux les humbles ! »

Ces vains efforts pour traduire le grec en français montrent que le dogme périmé de l'inspiration littérale de la Bible, pour être opérant, devrait affirmer, non seulement l'inspiration du texte sacré, mais celle des traducteurs modernes. Constatons, surtout, que ces efforts inutiles ne nous empêchent nullement de parvenir jusqu'à la pensée de Jésus. Elle gravite nettement autour d'un idéal que les présomptueux et les orgueilleux rejettent : « Heureux ceux qui avouent leurs limites ! qui confessent leur indignité ! »

Dans le langage des Juifs, on tendait à identifier l'homme *pauvre* et l'homme *pieux* ; la lecture des psaumes est instructive à cet égard. Donc, même si le Christ a dit, simplement : « Heureux les pauvres ! » il ne visait point le fait seul de la pauvreté matérielle ; il y joignait les qualités morales que développent souvent, dans l'âme, non la sordide et scandaleuse indigence, mais la simplicité de l'existence, une conduite qui échappe aux tentations, aux convoitises, aux inconscientes férocités, dont le riche reste menacé. Heureux « les pauvres selon le Saint-Esprit ! » Heureux les « pauvres » qui méritent ce titre d'honneur !

On voit, par là, que si Jésus glorifie la « vie simple », il exalte en réalité la vie *simplifiée*. Il vise, avant tout, une attitude spirituelle, une orientation intérieure, un effort vers le sacrifice consenti, vers le renoncement volontaire, au service du Royaume de Dieu. Or, cette intention morale n'est pas liée au dénuement. Un riche qui limite ses dépenses personnelles pour l'amour de ses frères, qui accepte loyalement de lourdes obligations fiscales dans l'intérêt de la collectivité ; un riche qui admet son « devoir d'aînesse » et qui, sous l'éclair de la catastrophe mondiale, se plie à la diminution de ses privilèges au nom de l'Evangile social ; un riche qui, par obéissance à Jésus-Christ, n'écarterait point le calice du dépouillement, ce riche-là, mes frères, a reçu l'esprit de pauvreté. Bienheureux est-il ! car la première Béatitude fut prononcée pour lui, et le Royaume des cieux est la propriété inaliénable, le suprême héritage, dont rien, jamais, ne le dépossèdera.

Les deux Béatitudes suivantes sont des variations sur le même paradoxe fondamental, qui fait le désespoir du bon sens, de l'honnêteté vulgaire et de la religion naturelle. Le monde brame après l'amusement ; Jésus déclare : « Heureux les affligés ! » Le monde admire ceux qui jouent des coudes et se poussent en avant ; Jésus proclame : « Heureux les calmes, les endurants ! qui gardent leur égalité d'humeur et respirent la sérénité ». Sous des formes différentes, le Messie, trois fois de suite, heurte délibérément la finesse des calculateurs et la prudence des habiles. Ceux qui pleurent, ceux qui cherchent en gémissant comme l'enfant prodigue, ou comme Pascal, finiront par s'écrier : « Joie, pleurs de joie ! » Et quant aux âmes tranquilles, imperturbablement tolérantes et débonnaires, elles voient se réaliser l'affirmation des Ecritures : « Celui qui est maître de son cœur, est plus fort que le conquérant qui prend d'assaut une ville. » Ni Alexandre, ni César, n'ont réellement « possédé la terre » ; mais elle appartient au Crucifié, dans la mesure même où il s'est emparé du cœur humain.

Or, cette simple remarque nous amène à élargir la signification du premier groupe de Béatitudes. Evidemment, elles exaltent ceux qui s'effacent, qui prennent leur juste mesure et s'estiment à leur infime valeur. Mais ils ne sont point, pour cela, des « résignés » ; pas plus que le péager de la parabole, quand il se frappait la poitrine, dans le temple, auprès du pharisien empesé de superbe. Au fond le vrai résigné, c'est l'arrogant, bouffi d'orgueil, qui s'accepte lui-même s'admire et se décerne le Prix d'excellence. Au contraire, celui qui pleure sur sa médiocrité intellectuelle, sa lâcheté morale et son péché, pousse jusqu'à la repentance et à la conversion ; il s'enrôle parmi les mécontents, il s'élève au niveau de ces inquiets sublimes dont le malaise, divinement inspiré, est le « soupir ineffable du Saint Esprit » dans la créature. Ceux-là sont en route vers la régénération, vers toutes les réformes, tous les réveils, toutes les révolutions... Ces prétendus « soumis » sont les entraîneurs de l'histoire, les animateurs du monde. Ces pauvres, ces affligés, ces débonnaires, sont les chefs de file de la caravane humaine ; et ces trois Béatitudes, en définitive, n'en forment qu'une : *Heureux les Chercheurs !*

* *

Cette constatation imprévue nous amène, mes frères, à la sentence qui sert de transition entre le premier groupe de maximes et le second : « Heureux ceux qui ont faim et soif de justice, car ceux-là seront rassasiés ! »

Inutile d'épiloguer sur le sens précis du mot « justice » ; il brille d'un rayonnement moral qui s'impose à la conscience ; et quand celle-ci est normale, une évidence qui dissipe tous les doutes l'emporte, impérieusement et joyeusement, vers ce But. La justice, en d'autres termes : le Bien, l'Idéal, Dieu. « Soyez parfaits, comme votre Père céleste est parfait. »

Ambition démesurée, murmure un sage, rêve fantastique !... Au contraire ; selon l'expression de Jésus lui-même, il est question, ici, de « la seule chose nécessaire », c'est-à-dire la régénération, le baptême de l'Esprit, la métamorphose à l'image du Fils de l'homme, le salut. Eh bien ! la seule chose « nécessaire » est la seule chose accessible. Quelle révélation ! quelle félicité !

Passez en revue tous les buts que l'être humain se propose, pour la terre ; ils s'évanouissent un à un, comme la bulle irisée qui crève dès qu'on l'effleure. Mais heureux, bienheureux, ceux qui ont « faim et soif de justice », pour eux-mêmes d'abord, et pour le monde ; heureux ceux qui souffrent, de la souillure, de la laideur, de l'ignorance, de l'iniquité, comme nos prisonniers de guerre souffrirent de la faim, ou comme nos soldats souffrirent de la soif sous le soleil brûlant de Verdun ; heureux ceux qui acclament la Justice pendant leurs veilles, et qui l'évoquent durant leur sommeil — ils seront rassasiés. Jésus-Christ l'a promis..... « Tu l'as dit, je le crois..... Je sais en qui j'ai cru ! »

Ils seront rassasiés, ô merveille ! mais d'un rassasiement qui ne comporte jamais la satiété. Dans le domaine matériel, l'assouvissement entraîne réplétion, saturation, dégoût. Mais dans le domaine de la pensée, on ne se lasse jamais d'apprendre et de savoir ; dans le domaine du sentiment, on ne se fatigue jamais d'admirer ou d'aimer ; dans le domaine moral et spirituel, la sainteté, la prière, l'adoration, ouvrent devant notre âme l'infini. Avoir faim et soif de la Justice, mes frères, c'est vraiment s'engager dans une carrière de développement sans limites ; c'est prendre conscience, avec stupeur et tremblement, de sa propre immortalité.

Dès lors, vous entrevoyez comment la quatrième Béatitude nous amène, avec une irrésistible logique, au deuxième groupe des célestes maximes. Le premier ensemble de sentences exaltait les faibles ; maintenant, c'est l'apothéose des vaillants : « Heureux ceux qui ont le courage de pardonner ! Heureux ceux qui ont le courage d'être purs ! Heureux ceux qui ont le courage de pacifier ! »

Gloire aux réalisateurs, aux agissants, aux victorieux ! Leur chef est le dénonciateur intrépide qui jeta l'anathème aux pharisiens, le géant de la fortitude, le héros indomptable qui, longtemps à l'avance, aperçut la croix des esclaves, plantée sur sa route, et qui refusa de baisser les yeux. « Il se rendit obéissant jusqu'à la mort, même jusqu'à la mort de la croix. »

« Heureux les miséricordieux ! car ceux-là obtiendront miséricorde. » Ah ! qu'ils sont loin de la réalité, ces dilettantes « avertis » qui décrivent en Jésus le charmant berger de l'Idylle galiléenne, jouant sur les pipeaux l'air des Béatitudes ! Non, ce n'est pas le pampre d'automne qui rougit le front de ce musicien, mais la sanglante sueur de Gethsémané. « Heureux les miséricordieux !... Père, pardonne-leur, car ils ne savent ce qu'ils font ! » Prière d'une intellectualité magnifique, où s'entrebaisent l'âme et la raison, puisque le Crucifié intercède pour les ignorants ; mais requête, en même temps, où la miséricorde, pour s'affirmer, pour se redresser d'un titanesque effort, soulève un monde. Pardonner ! Renoncer une fois pour toutes, sans ambiguïté ni retour en arrière, non seulement à la vengeance qui frappe, mais à la rancune stagnante ; renoncer même (dans les relations privées d'homme à homme), aux exigences de la stricte justice ; considérer son droit comme le simple tremplin qui permet de s'élancer jusqu'à la charité, jusqu'au sacrifice, jusqu'au don créateur et au pardon, quelle victoire inouïe remportée sur la nature, quelle prérogative divine, quelle imitation du Très-Haut ! (1).

« Heureux ceux qui ont le cœur pur ! car ceux-là verront Dieu. » En d'autres termes, le semblable est connu par le semblable, et par lui uniquement. Les ondes mystérieuses qui s'entrecroisent dans l'espace ne sont jamais enregistrées, quelle que soit la puissance de l'appareil émetteur, si l'appareil récep-

______

(1) « Devenez les imitateurs de Dieu, en vous pardonnant mutuellement. » (ÉPHÉSIENS V.1).

teur manque. Seule une âme pure, ici-bas, peut déceler la présence du Dieu saint. L'âme pure est le contraire de l'âme trouble, brumeuse, louche ; c'est l'âme qui, dans tous les domaines, refuse d'osciller entre deux maîtres ; l'âme loyale, à la fois probe et propre, qui obéit sans hésiter aux plus délicates intimations de l'Esprit inspirateur ; l'âme qui ne ternit jamais sa rétine spirituelle, qui n'émousse jamais la fine aiguille aimentée de sa faculté critique dans le domaine moral. Mais quelle vigilance quotidienne pour se maintenir, ainsi, en état de clairvoyance, en état de grâce ! Quel dur combat pour défendre son corps et son esprit, pour conserver l'intégrité d'une vision pure, et le perçant regard qui pénètre jusqu'à l'Eternel !

« Heureux les pacificateurs, car ceux-là seront rangés au nombre des fils de Dieu ! »

François d'Assise, durant sa dernière maladie, apprit que les habitants de sa ville natale, divisés en deux camps, étaient près d'en venir aux mains. Saisi d'angoisse, il ajouta une strophe suprême à son Cantique du Soleil : « Soyez loué, Seigneur ! pour ceux qui pardonnent, par amour de vous, et supportent les peines et les tribulations. Heureux ceux qui persévèreront dans la paix ; par vous, Très-Haut, ils seront couronnés ! » L'hymne fut chanté sur la place publique d'Assise, et l'adjuration du mourant prévalut ; les mains lâchèrent les armes.

Bien-aimés frères, que notre âme se réchauffe à cette expérience-là. Malheur à une famille, à une paroisse, à un peuple désunis ! Malheur à une chrétienté en discorde ! Malheur à une Europe déchirée, mais toujours vorace et féroce ; elle ressemble à ces requins éventrés qui dévorent leurs propres entrailles.

Heureux les pacificateurs ! Ils sont plus que de simples « pacifiques » par tempérament, ou de simples « pacifistes » par programme ; ils sont des pacificateurs, ils « procurent la paix », ils la maintiennent, la rétablissent, la propagent ; ils abominent la médisance, les tranchantes condamnations d'un système religieux ou d'une collectivité sociale, les jugements haineux et sans contre-poids qui frappent toutes les nations étrangères à la ronde.

Mais il faut du courage pour pacifier, pour pratiquer la morale généreuse de l'intervention entre les adversaires ; car ils se liguent, parfois, contre le gêneur qui s'interpose, et forment alliance pour le supprimer. Tel fut le sort du Christ, le Prince de la Paix ; et voilà pourquoi les pacificateurs, quand ils souffrent, vraiment, pour l'idéal international, du souverain Rassembleur des peuples, méritent que les anges saluent, en eux, des frères de Jésus, des « fils de Dieu ».

*
* *

Ainsi nous gravissons pas à pas, de Béatitude en Béatitude, la montagne qui culmine en la maxime finale : « Heureux les persécutés pour la justice ! car c'est à ceux-là qu'appartient le Royaume des cieux. »

La première et la dernière Béatitude se terminent par la même promesse, ou la même constatation : le Royaume des cieux appartient aux disciples du Messie. Ce Royaume désigne à la fois un état d'âme, dans le présent ; un état social, dans l'avenir ; enfin, une réalité invisible, dans l'au-delà : réalité future, pour ceux qui l'envisagent d'ici-bas ; réalité actuelle, pour ceux qui ont passé au delà du voile. Eh bien ! l'ensemble des Béatitudes projette son arc immense entre ces deux piliers qui l'appuient, la double et solennelle déclaration du Sauveur : « Le Royaume des cieux est à ceux-là. »

« Heureux les persécutés pour la justice... »

Ici, mes frères, le commentateur s'arrête ; il perd, et le droit, et la capacité de parler ; seuls doivent et peuvent élever la voix, aujourd'hui, en un pareil domaine, ceux qui souffrirent ou qui souffrent persécution pour un idéal de Vérité, de Liberté, de Justice, de Sainteté ; ceux qui souffrent dans leur chair ou dans leur âme, dans leurs intérêts ou dans leurs affections ; ceux qui, enfin, par leur héroïque loyalisme envers la conscience, entraînent leur famille dans le tourbillon d'une douleur imméritée, condamnent leurs enfants à la famine, à l'exil, au déshonneur, et enfoncent la couronne d'épines sur de jeunes têtes innocentes.

Taisons-nous devant les martyrs ! En cet instant même, confesseurs obscurs, il pleurent, ils saignent, ils chantent, ils tiennent bon. Ces témoins anonymes de l'Eternel sont chrétiens... ou païens peut-être ; spiritualistes ou, qui sait ? athées, conservateurs ou révolutionnaires ; mais d'une seule âme ils adorent Dieu, connu ou « inconnu ».

Silence, mes frères, silence ! Ecoutons le Maître bien-aimé. Lui seul fut pleinement qualifié pour commenter la dernière Béatitude. Il s'y attarda, comme un harpiste en extase et qui, avant de quitter l'instrument, reprend l'accord ultime et le prolonge : « Heureux serez-vous ! quand on vous outragera, et vous persécutera, quand on multipliera les calomnies contre vous à cause de moi. Réjouissez-vous, tressaillez d'allégresse, parce que votre récompense dans les cieux est grande ; car ainsi furent persécutés, avant vous les prophètes ! »

... Ah ! nous possédons, nous aussi, le « Sacré-Cœur », le Cœur *sacré* de Jésus ; nous possédons les Béatitudes !

Amen.